001

002

003

004

005

006

007

008

009

010

111

112

013

014

015

016

017

018

019

020

021

022

023

024

025

026

027

028

029

030

031

032

033

034

035

036

037

038

039

040

041

042

043

044

045

046

047

048

049

050

051

052

053

054

055

056

057

058

059

060

061

062

063

064

065

066

067

068

069

070

071

072

6

073 074 075

076 077 078

079 080 081

082 083 084

085

086

087

088

089

090

091

092

093

094

095

096

8

097   098   099

100   101   102

103   104   105

106   107   108

9

109   110   111

112   113   114

115   116   117

118   119   120

121

122

123

124

125

126

127

128

129

130

131

132

133 134 135

136 137 138

139 140 141

142 143 144

145 146 147

148 149 150

151 152 153

154 155 156

13

157 158 159

160 161 162

163 164 165

166 167 168

14

169

170

171

172

173

174

175

176

177

178

179

180

181 182 183
184 185 186
187 188 189
190 191 192

16

193 194 195
196 197 198
199 200 201
202 203 204

229 230 231

232 233 234

235 236 237

238 239 240

20

241　　　　242　　　　243

244　　　　245　　　　246

247　　　　248　　　　249

250　　　　251　　　　252

253

254

255

256

257

258

259

260

261

262

263

264

22

265

266

267

268

269

270

271

272

273

274

275

276

277 278 279

280 281 282

283 284 285

286 287 288

289 290 291

292 293 294

295 296 297

298 299 300

301

302

303

304

305

306

307

308

309

310

311

312

313　　　　　　　　314　　　　　　　　315

316　　　　　　　　317　　　　　　　　318

319　　　　　　　　320　　　　　　　　321

322　　　　　　　　323　　　　　　　　324

325   326   327

328   329   330

331   332   333

334   335   336

337 338 339

340 341 342

343 344 345

346 347 348

349

350

351

352

353

354

355

356

357

358

359

360

361 362 363
364 365 366
367 368 369
370 371 372

373

374

375

376

377

378

379

380

381

382

383

384

385 386 387

388 389 390

391 392 393

394 395 396

397 398 399

400 401 402

403 404 405

406 407 408

409 410 411

412 413 414

415 416 417

418 419 420

421 422 423

424 425 426

427 428 429

430 431 432

433 434 435

436 437 438

439 440 441

442 443 444

445   446   447
448   449   450
451   452   453
454   455   456

457 458 459 460 461 462 463 464 465 466 467 468

469 470 471

472 473 474

475 476 477

478 479 480

40

493

494

495

496

497

498

499

500

501

502

503

504

505
506
507
508
509
510
511
512
513
514
515
516

517

518

519

520

521

522

523

524

525

526

527

528

44

529

530

531

532

533

534

535

536

537

538

539

540

45

541

542

543

544

545

546

547

548

549

550

551

552